まちごとチャイナ

はじめての福建省
Fujian 001 Fujian

福州・厦門・泉州と客家土楼

Asia City Guide Production

【白地図】華南と福建省

CHINA
福建省

【白地図】福建省

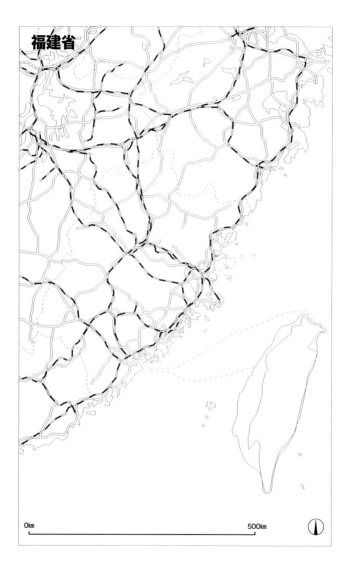

【白地図】福州

CHINA
福建省

福州

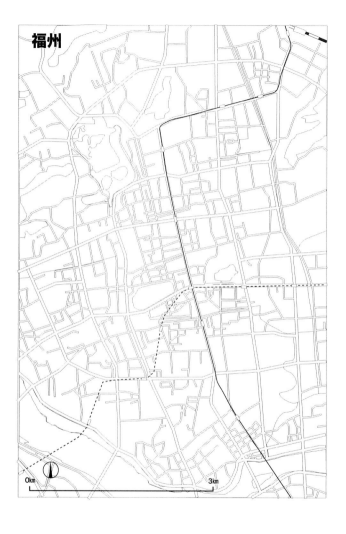

Fujian

白地図

【白地図】三坊七巷

CHINA
福建省

三坊七巷

Fujian 白地図

0m　　　　500m

【白地図】厦門

CHINA
福建省

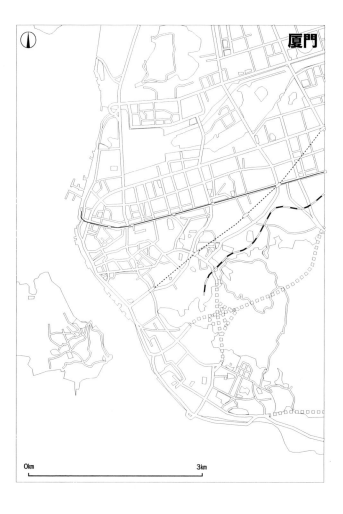

【白地図】鼓浪嶼

CHINA
福建省

鼓浪嶼

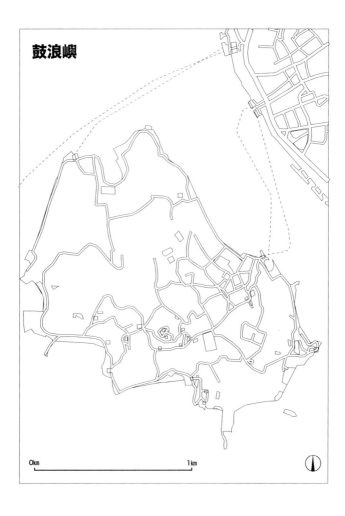

Fujian 白地図

【白地図】泉州

CHINA
福建省

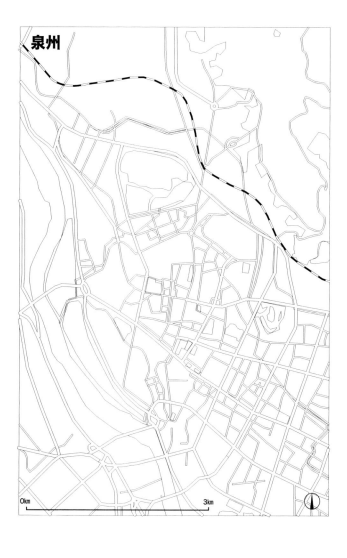

泉州

Fujian 白地図

【白地図】永定と南靖

CHINA
福建省

【白地図】洪坑土楼群

CHINA
福建省

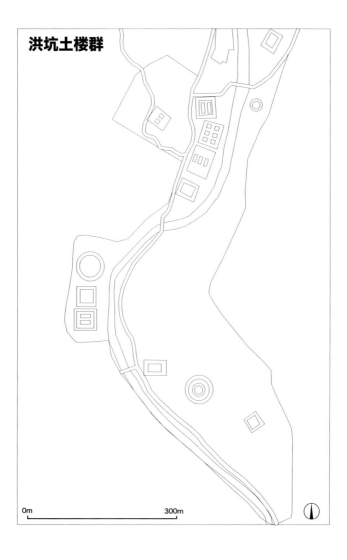

【まちごとチャイナ】

001 はじめての福建省
002 はじめての福州
003 福州旧城
004 福州郊外と開発区
005 武夷山
006 泉州
007 厦門
008 客家土楼

CHINA
福建省

対岸に台湾をのぞむ中国東南沿岸部、西に武夷山脈が走り、東には入り組んだ海岸が続く、「山」と「海」に囲まれた福建省。中原から遥か南方に離れた亜熱帯のこの地は、唐宋時代になるまで中国化（漢族化）されず、百越の暮らす「閩」の地とされてきた。

こうしたなかで、南宋の都が杭州におかれ、海上交易が発達するようになると、天然の良港をもつ福建省沿岸部の街（福州、泉州、漳州）が台頭し、とくにマルコ・ポーロが泉州の繁栄を『東方見聞録』に記している。

福建省 fú jiàn shěng
フージィエンシェン
はじめての福建省 **Fujian**

　山がちで耕作地が少なく、海に面した福建省の立地から、福建人の多くが華僑となり、東南アジアや台湾へと渡った。そのため、世界各地のチャイナタウンでは、福建省の閩南語が話されているケースも少なくない。またひとつの省(福建省)のなかで、各地方によってそれぞれ独自の言葉や習俗をもつことでも知られる。

【まちごとチャイナ】

福建省 001 はじめての福建省

目次

はじめての福建省	xx
海原と山間に育まれた	xxvi
福州城市案内	xxxvii
厦門城市案内	li
福建料理と福建茶	lxix
泉州城市案内	lxxvii
客家土楼鑑賞案内	xci
中国東南海域から世界へ	cvii

【MEMO】

【地図】華南と福建省

CHINA
福建省

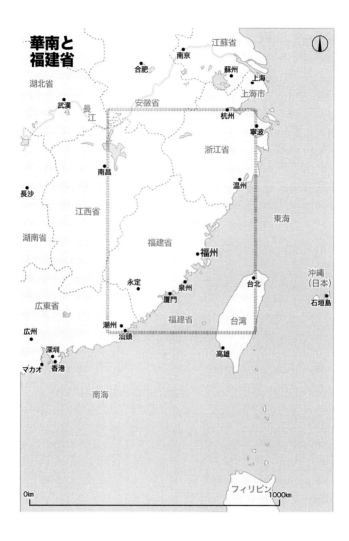

海原と山間に育まれた

CHINA 福建省

福建省の古名「閩」は、「門」と「虫」からなる
これは中原に暮らす漢族から見て福建の地が
遠く離れた異世界であることを意味するのだという

孤立した福建の世界

福建省は、北東から南西に向かって武夷山脈（全長520㎞）と戴雲山脈（全長650㎞）が走り、省の9割が丘陵地帯におおわれ、そのなかに小さな盆地が点在する（「陸の孤島」とされ、南の広東省よりも中国化されるのが遅かった）。そうした丘陵地帯を閩北の閩江、閩南の晋江、九龍江が西から東へ流れ、その河口部に福州、泉州、漳州、厦門といった街が開けている。街から街へ行くのに、山道を通って迂回しなければならず、より便利な河川による水上交通が利用され、それぞれの水系ごとに言葉や習慣、文化が異なるという。一方

福建省 海と山に育まれて

で、海上ルートを使った南北のアクセスは悪くなく、福州から浙江省温州や寧波、廈門から広東省潮州や汕頭へと福建人は進出していった(広東省潮州や汕頭は、言葉や食文化で閩南と同じ文化をもつ)。

海のシルクロード起点

花崗岩による大地、リアス式海岸による長い海岸線をもつことから、福建省は天然の良港をいくつも抱えている。唐(618〜907年)代までは広州(広東省)が中国最大の港湾都市だったが、宋元代になると、泉州をはじめとする福建の港町が台

CHINA
福建省

頭するようになった。アラブ人、ペルシャ人、インド人などが来航して、外国人居留区を構えたことから、福建省沿岸部には今でもイスラム教、ヒンドゥー教、マニ教などの足跡が残っている。また明(1368〜1644年)代、福州や泉州といった街を拠点にして、鄭和は西洋くだりを行ない、大船団をひきいてインドから東アフリカまで明朝の威光を示した(福建省は海のシルクロードの中国側起点となっていた)。こうした海への志向は、民間レベルでも強く、福建人の多くが危険をおかしても、海を渡って東南アジアや台湾などへ進出していった。

▲左　福建省南部最大の街、厦門。　▲右　多くの華僑を輩出した福建省、華僑が故郷に建てた建物

福建省のかんたんな歴史

古く福建省には頭髪を刈り、入れ墨をする百越と呼ばれる人たちが暮らし、閩北の武夷山ではその当時の越族の風習である懸棺葬の後が見られる。福建の地が本格的に中国化していくのは、唐（618～907年）代以後のことで、福建という名称は、海側の漢族の拠点「福州」と山側の漢族の拠点「建州」の頭文字からとられている。唐末から五代十国にかけて、福建節度使の王審知（862～925年）が、閩王となって国づくりを進め、やがて福建は多くの科挙を輩出する文化先進地へと発展していった。とくに南宋（1127～1279年）から元代

CHINA
福建省

にかけて海上交易の発達もあって、福建省の港町(泉州)は世界有数の繁栄を見せ、マルコ・ポーロがその「フージュー王国(福建省)」の様子を記している。明(1368〜1644年)代に入ると、晋江の堆積から、泉州に替わって福州や漳州月港が台頭し、明清時代を通じて福州に省都がおかれた。やがて大航海時代を迎えた西欧列強の進出もあり、アヘン戦争(1840〜42年)に敗れた清朝は、香港をイギリスに割譲し、5つの港町を開港したが、そのうちの2つが福建省の港町(福州、厦門)だった。近代以降、台湾に向かい合う地であることから、台湾から日本軍が進出し、また国共内戦をへ

▲左 山間にひっそりとたたずむ円形土楼、永定にて。 ▲右 海のシルクロードを通じて伝わったイスラム教のモスク

て、共産党（中国）と国民党（台湾）の争いの最前線にもなった。20世紀末になると、厦門が経済特区に指定され、言語や文化を共有する福建省と台湾をあわせた経済交流が進んでいる。

福建省の構成

福建省は、閩東、閩南、閩北、閩西という4つのエリアにわかれ、海側の前者（閩東、閩南）に福州、泉州、厦門、漳州などの大都市が開け、山側の後者（閩北、閩西）に武夷山や客家土楼などが残る。西側の丘陵地帯から、東側の海岸地帯

CHINA
福建省

へ、閩江、晋江、九龍江という三大水系が流れ、それぞれの河口デルタに福州(閩江)、泉州(晋江)、漳州、厦門(九龍江)が位置する。省全体が亜熱帯性のモンスーン気候におおわれ、台風の影響も受けることから、降雨量が多く、年の平均気温も高い(丘陵部では冬は冷えることも多い)。明清時代より省都である「福州」が政治の都、アヘン戦争以後に発展した「厦門」が自由な気風をもつ経済や文化の都、また海のシルクロードの起点であった「泉州」は歴史的遺構を多く残す観光都市となっている。また丘陵部側に位置する「武夷山」と「福建土楼(客家土楼)」は世界遺産に指定されている。

【MEMO】

Fujian

福建省 海と山に育まれて

【地図】福建省

【地図】福建省の [★★★]
- ☐ 福州 福州フウチョウ
- ☐ 厦門 厦门シャアメン

【地図】福建省の [★★☆]
- ☐ 泉州 泉州チュワンチョウ
- ☐ 客家土楼（永定）客家土楼クージャートゥロウ

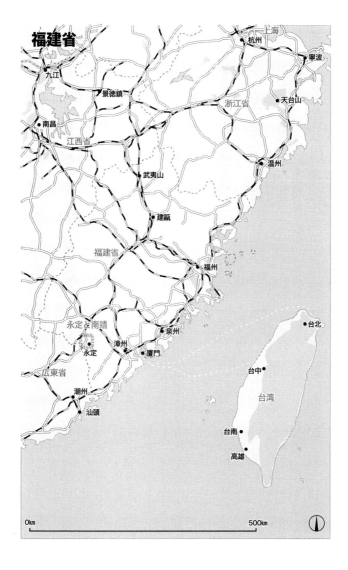

Fujian 福建省海と山に育まれて

**Guide,
Fu Zhou**

福州
城市案内

閩江のほとりに開けた福建省の省都福州
紀元前202年、閩越王無諸によって
街が築かれて以来、2000年以上の歴史をもつ

福州 福州 fú zhōu フウチョウ ［★★★］

福建省の省都で、この省の政治、経済、文化の中心地となってきた福州。福建省でもっとも早く漢族が進出した都市で、北宋（1066年）時代に街路に榕樹が植えられ、緑豊かなたたずまいを見せる。街は、于山（高さ58.6m）、烏山（高さ86.2m）、屏山（高さ45m）の三山を抱え、仏教寺院や仏塔、道観が立つ。14〜20世紀の明清時代になると、福建省の省都がおかれ、中国東南沿岸部を代表する港湾都市へと成長をとげ、なかには琉球朝貢船の姿もあった。街は、三山に囲まれた「福州旧城」から、閩江ほとりで港がおかれた「南台」

【地図】福州

【地図】福州の [★★★]
- ☐ 福州 福州フウチョウ
- ☐ 三坊七巷 三坊七巷サンファンチイシィアン

【地図】福州の [★★☆]
- ☐ 烏山（烏石山）乌山ウウシャン
- ☐ 于山 于山ユウシャン

【地図】福州の [★☆☆]
- ☐ 東街口 东街口ドォンジエコウ
- ☐ 林則徐紀念館 林则徐纪念馆 リィンチェエスウジイニィエングゥアン
- ☐ 柔遠駅（福州琉球館）柔远驿ロウユゥエンイイ
- ☐ 西湖 西湖シイフウ
- ☐ 西禅寺 西禅寺シイシャンスウ

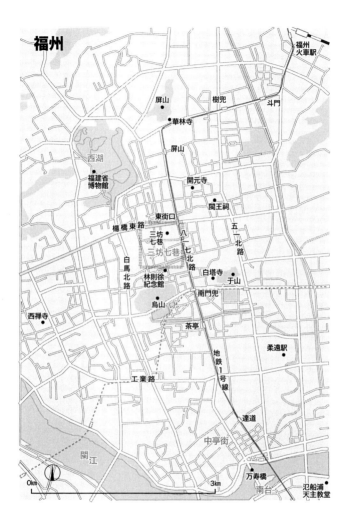

【地図】三坊七巷の [★★★]
- [ ] 福州 福州 フウチョウ
- [ ] 三坊七巷 三坊七巷 サンファンチイシィアン

【地図】三坊七巷の [★☆☆]
- [ ] 東街口 东街口 ドォンジエコウ
- [ ] 安泰楼 安泰楼 ān tài lóu アンタァイロウ
- [ ] 林則徐紀念館 林则徐纪念馆 リィンチェエスウジイニィエングゥアン

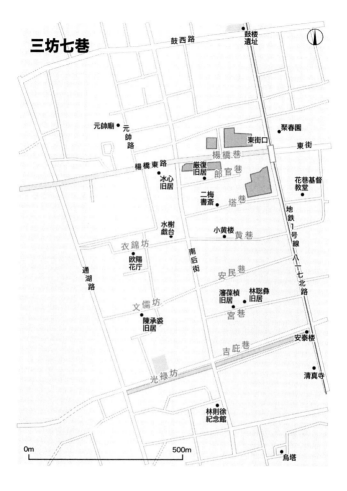

へと拡大していき、アヘン戦争(1840〜42年)以降は造船場や工場を抱えて中国近代化のさきがけとなった。現在は、閩南の厦門とともに福建省を代表する都市となっている。

三坊七巷 三坊七巷
sān fāng qī xiàng サンファンチイシィアン [★★★]

3つの坊(路地)と7つの巷(路地)からなり、その中心を南后街が南北に走る三坊七巷。福州旧城の中心にあたるこの地は古くから福州の繁華街だったところで、21世紀に入ってから明清時代の街並みがここで再現された。明代郷紳の邸

【MEMO】

宅、清朝の官吏の邸宅などが位置し、白の漆喰壁、黒の屋根瓦のたたずまいが石畳の路地とともに続いている。

東街口 东街口 dōng jiē kǒu ドォンジエコウ ［★☆☆］
福州の街を南北に走る八一七路と、騎楼と呼ばれるアーケード式の通りの東街が交わる地点にあたる東街口。晋代（3～5世紀）から福州の中心地だったところで、現在も福州最大の繁華街となっている。近くには三坊七巷、大型商店、福州料理の代表格佛跳墙を出す聚春園が位置する。

▲左　明清時代の福州を思わせる三坊七巷。　▲右　三山に立つ仏塔のひとつ烏塔

安泰楼 安泰楼 ān tài lóu アンタァイロウ［★☆☆］

清朝末期に創業した福州料理の老舗の安泰楼。ここ福州旧城の安泰橋そばで開業し、「太平燕（アヒルの卵が入ったスープ）」「魚丸」などの福州料理を出す。

林則徐紀念館 林则徐纪念馆 lín zé xú jì niàn guǎn リィンチェスウジイニィエングゥアン［★☆☆］

林則徐紀念館は、イギリスのアヘン密輸に毅然として対抗した清朝官吏の林則徐（1785〜1850年）の邸宅跡。福州に生まれた林則徐は、皇帝からの命を受けて欽差大臣としてアヘ

ン問題にあたった。清朝はアヘン戦争でイギリスに敗れたものの、林則徐は高く評価され、紀念館には当時の書簡、碑刻、大砲などが展示されている。

烏山（烏石山）乌山 wū shān ウウシャン ［★★☆］

福州旧城の南西部にそびえる標高86.2mの烏山。福州三山のひとつで、古くから福州の景勝地とされてきた。東の白塔と対峙するように立つ「烏塔（黒塔）」、唐代以来の「烏山摩崖題刻」、道観の「呂祖宮」、さつまいもを栽培して飢饉を乗り越えた金学曽をまつる「先薯亭」などが位置する。

于山 于山 yú shān ユウシャン ［★★☆］

福州のシンボルである高さ 41m の白塔が立つ于山。古く百越の于越氏が暮らしていたとも、何氏の 9 人兄弟が仙人になった場所とも伝えられる。道教寺院の「九仙観」、山頂に立つ「大士殿」、唐代の 905 年に創建された「白塔寺」、倭寇討伐にあたった戚継光（〜1587 年）をまつる「戚公祠」、100 あまりの「于山摩崖石刻」などが集まる。またこの于山の南側には福州観光の起点になる「五一広場」も位置する。

福建省

柔遠駅（福州琉球館）柔远驿
róu yuǎn yì ロウユゥエンイイ [★☆☆]

琉球（沖縄）から明朝への朝貢使節を迎えるために設置された柔遠駅。琉球は1368年の明朝建国から、日本による沖縄県の設置（1879年）まで500年間のあいだ241回の朝貢を行ない、多くの琉球人が福州に訪れた（中国への正式な使節は、福州から北京へのぼった）。こうしたなかで、福州の料理、建築、風水、空手などが琉球へもたらされた。

▲左　琉球の朝貢使節は500年にわたって海を往来した。　▲右　アヘン問題に毅然とした態度でのぞんだ林則徐

西湖 西湖 xī hú シイフウ ［★☆☆］

福州市街の北西に広がる景勝地の西湖。海のシルクロードや陶磁器、この地の演劇や民俗、自然についての展示が見られる「福建省博物館」が位置する。

西禅寺 西禅寺 xī chán sì シイシャンスウ ［★☆☆］

高さ67mの報恩塔はじめ、黄色の屋根瓦でふかれた伽藍をもつ西禅寺。かつて福州の街をとり囲むように東西南北に仏教寺院があり、破壊と再建を繰り返したのち、現在の寺院は福州華僑の援助で再建された。

**Guide,
Xia Men**

厦門
城市案内

「大厦之門」(大きな家の門)」こと厦門
海のなかに街があり、街のなかに海がある
福建省でもっとも美しい街にあげられる

厦門 厦门 xià mén シャアメン ［★★★］

厦門は福建省南部の港湾都市で、立ちならぶ洋館、ヤシの木、白い砂浜などを抱える「海上の花園」と知られる。九龍江の河口部に浮かぶ厦門島、その先に浮かぶ小さな鼓浪嶼や島嶼部、大陸側厦門からなる。この厦門は北京語では「厦門(シャアメン)」と発音するが、日本では閩南語に近い「アモイ(厦門)」と呼びならわされている。厦門の歴史は、明代の1394年、倭寇対策の城塞が築かれたことにはじまり、明清交替期には『国性爺合戦』の鄭成功が厦門に拠点をおいていた。アヘン戦争(1840～42年)以後、開港されて西欧列強が進出し、

【地図】廈門

【地図】廈門の [★★★]
- [ ] 廈門 厦门シァアメン
- [ ] 鼓浪嶼 鼓浪屿グウラァンユウ

【地図】廈門の [★★☆]
- [ ] 日光岩 日光岩リイグゥアンユェン
- [ ] 鄭成功像 郑成功像ヂェンチェンゴォンシィアン
- [ ] 中山路 中山路チョンシャンルウ
- [ ] 南普陀寺 南普陀寺ナァンプウトゥオスウ
- [ ] 胡里山砲台 胡里山炮台フウリイシャンパァオタァイ

【地図】廈門の [★☆☆]
- [ ] 白城沙灘 白城沙滩バァイチャンシャアタァン
- [ ] 廈門大学 厦门大学シァアメンダアシュエ
- [ ] 華僑博物院 华侨博物院
    ホゥアチィアオボオウウユゥエン

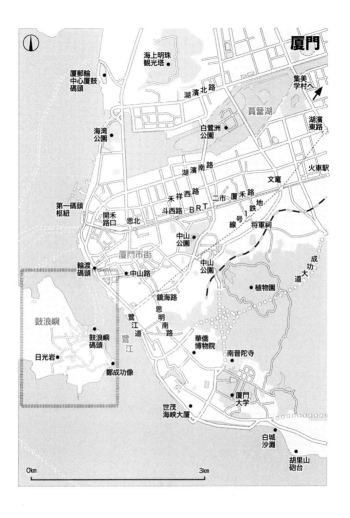

【地図】鼓浪嶼

【地図】鼓浪嶼の [★★★]
- ☐ 厦門 厦门シャアメン
- ☐ 鼓浪嶼 鼓浪屿グウラァンユウ

【地図】鼓浪嶼の [★★☆]
- ☐ 日光岩 日光岩リイグゥアンユェン
- ☐ 鄭成功像 郑成功像チェンチェンゴォンシィアン
- ☐ 中山路 中山路チョンシャンルウ

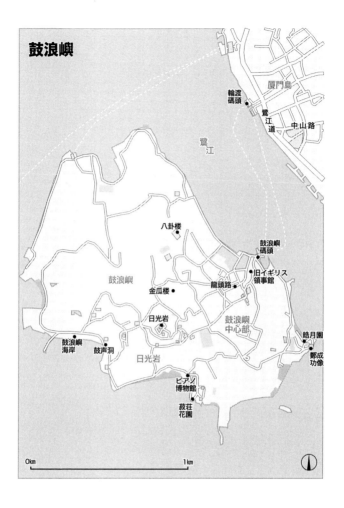

CHINA
福建省

▲左　海のなかに街があり、街のなかに海がある。　▲右　英雄鄭成功は中国人の父と日本人の母のあいだに生まれた

また多くの閩南人が厦門から台湾へ移住していった。こうした経緯から、台湾海峡をはさんで対岸の台湾と厦門は関係が深く、両者の経済協力も進んでいる。

鼓浪嶼 鼓浪屿 gǔ làng yǔ グウラァンユウ ［★★★］

厦門島の南西に浮かぶ美しい島の鼓浪嶼（コロンス島）。反清復明をかかげた鄭成功(1624～62年)がここに拠点をおき、またアヘン戦争（1840～42年）以後に西欧諸国の租界がおかれた（上海の外灘のように領事館や商社、教会などがならんだ）。そのため、街にはイギリス、ドイツ、フランスなど

【MEMO】

CHINA
福建省

さまざまな国の様式で建てられた洋館が残り、鼓浪嶼と厦門島を結ぶフェリーが往来している。この鼓浪嶼という名称は、島の南西部にある空洞に、波があたって太鼓のように響くことから名づけられた。

日光岩 日光岩 rì guāng yán リイグゥアンユェン [★★☆]
鼓浪嶼の中央部、直径40mを超す巨大な日光岩を中心に景勝地が点在する。鄭成功（1624～62年）がその軍をおいた場所で、自身の母マツの故郷である日本の「日光山」よりも素晴らしい眺めの場所という意味をこめて名づけられたとい

う。天風海涛、鷺江第一の文言が見える「鼓浪洞天」、仏教寺院の「日光岩寺」、「鄭成功紀念館」などが位置する。

鄭成功像 郑成功像 zhèng chéng gōng xiàng
ヂェンチェンゴォンシィアン［★★☆］

鼓浪嶼南東部に位置する皓月園の一角に立つ鄭成功像。鄭成功は反清復明の戦いを続けたが、形勢は不利となり、当時、オランダの占領していた台湾へと遷った。そのため、オランダから台湾を解放した英雄とも見られ、この鄭成功像は台湾を睥睨するように立つ。像の高さは15.7mになり、対岸の

福建省

厦門島からも確認できる。

鼓浪嶼(コロンス島)の見どころ

鼓浪嶼には19世紀から20世紀初頭にかけて多くの洋館が建てられ、華僑として成功した者がこの島に別荘を建てるということもめずらしくなかった。鼓浪嶼埠頭そばに立つ赤レンガの「旧イギリス領事館」、「旧日本領事館」やそのそばの「天主堂」、ホワイトハウスを模したと言われる「八卦楼」、かぼちゃを思わせるドームをもつ「金瓜楼」が租界時代の建物の代表格。また江南式庭園の「寂荘花園」、西欧の影響を受け

▲左　鼓浪嶼の中央部に立つ巨大な日光岩。　▲右　こちらは厦門島側の中心市街部の中山路界隈

て鼓浪嶼で愛された「ピアノ博物館」などにも多くの人が訪れている。

中山路 中山路 zhōng shān lù チョンシャンルウ ［★★☆］

厦門島と鼓浪嶼を結ぶ輪渡碼頭から東に伸びる中山路。厦門最大の繁華街で、20世紀初頭の都市整備のときにつくられた。街の両脇にはアーケード状の騎楼が続き、大型商店、銀行、劇場、料理店などがずらりとならぶ。

福建省

南普陀寺 南普陀寺
nán pǔ tuó sì ナァンプウトゥオスウ [★★☆]

厦門市街から東に離れた五老峰の南麓に位置する南普陀寺。「南の普陀山」という名前をもつ厦門屈指の古刹で、航海の神さまの観音がまつられている。寺そのものは唐代の創建だが、清代の1683年に現在の姿となった。緑色の屋根瓦でふかれた伽藍の背後には、金文字で「佛」とほられた岩が残る。南普陀寺の精進料理は厦門名物のひとつとなっている。

胡里山砲台 胡里山炮台
hú lǐ shān pào tái フウリイシャンパァオタァイ [★★☆]

胡里山砲台は港町厦門を防衛するための要塞跡。1891年に彭楚漢によって造営が進められ、4年後完成した。清朝が5万両で購入した当時世界最大の全長13.9m、重量87トンの「克虏伯大砲」が海に向けられている。

福建省

白城沙灘 白城沙滩
bái chéng shā tān バァイチャンシャアタァン [★☆☆]

対岸の鼓浪嶼、またツインタワーの世茂海峡大厦の美しい姿が見えるビーチの白城沙灘。多くの人が訪れるリゾート地となっている(世茂海峡大厦は、船の帆や厦門の市花ブーゲンビリアがイメージされた厦門の新たなランドマーク)。

▲左　魯迅ゆかり開かれた厦門大学のキャンパス。　▲右　胡里山砲台にて、厦門はもともと倭寇対策の砦から出発した

厦門大学 厦门大学
xià mén dà xué シャアメンダアシュエ ［★☆☆］

中国でもっとも美しいキャンパスをもつという名門大学の厦門大学。厦門華僑の陳嘉庚によって1921年、創立された。北京から厦門に逃れてきた魯迅が1926～27年のあいだ教鞭をとったことでも知られ、厦門大学魯迅記念館には魯迅に関するさまざまな展示が見られる。

華僑博物院 华侨博物院 **huá qiáo bó wù yuàn**
ホゥアチィアオボオウウユゥエン ［★☆☆］

中国を離れて東南アジアや世界各地に進出した華僑にまつわる展示の見られる華僑博物院。明清時代、厦門から多くの華僑が海を渡り、なかでも「マレーのゴム王」と呼ばれるほど成功した陳嘉庚によって1959年に建てられた。中国様式と西欧様式をあわせた堂々とした外観の建物となっている。

集美学村 集美学村
jí měi xué cūn ジイメェイシュエチュン ［★☆☆］

厦門島と橋で結ばれた大陸側厦門に位置する集美学村。華僑陳嘉庚（1874 〜 1961 年）の故郷として知られ、東南アジアで成功した陳嘉庚は、その財を故郷の教育事業につぎこんだことから、巨大な学園都市へと生まれ変わった。「龍舟池」を中心に「陳庚故居」や「帰来堂」といった建築、また陳嘉庚の墓の残る「鰲園」などが位置する。

福建料理と福建茶

山海の珍味を使う福建料理
また武夷茶や鉄観音などの烏龍茶
美食あふれる福建省の街角

福建料理とは

福建料理は閩菜とも呼ばれ、山東料理、四川料理、広東料理、江蘇料理、浙江料理、湖南料理、安徽料理とともに中国八大料理のひとつにあげられる。フカヒレ、太刀魚、エビやカニなどの海の幸、キノコや豚肉を使い、あっさりとした味つけ、スープ料理を特徴する。フカヒレなどを紹興酒の瓶で煮込んだ「佛跳牆」、魚のすり身にでんぷんや豚油を混ぜて団子状にした「魚丸」が知られるほか、厦門ではインドネシアのサテーソースを使った麺料理の「沙茶麺」、煮こごりの珍味「土筍凍」も人気が高い。また亜熱帯性の気候から、フルーツも

有名で、ライチ（茘枝）、龍眼、パイナップルやバナナ、サトウキビなどが街角で見られる。

福建省に伝来した新世界の食

大航海時代で「発見」された新大陸（アメリカ大陸）原産の「さつまいも」や「とうもろこし」「落花生」「ジャガイモ」「タバコ」などは、海のシルクロードの起点となっていた福建省にまず伝来した（一部はビルマから雲南省のルート）。とくにさつまいも（甘藷）は、福州長楽県の陳振龍がスペイン統治下のフィリピンから、そのツルをもち出して福建省に伝え

▲左　牡蠣と卵、野菜の炒めもの。　▲右　厦門の鼓浪嶼には西欧風の建物がならぶ

たと言われ、やせた土地でも栽培でき、五穀と土地を争わないことから重宝された。1594年に福州に飢饉があったとき、福建巡撫の金学曽が栽培を進め、飢饉を回避した。また清代の乾隆帝はさつまいもを広く栽培させることで、人口爆発による食糧不足にそなえ、当時の中国の人口は3億人にまで達した。このさつまいもを琉球の朝貢船がもち帰り、やがて琉球から薩摩（鹿児島）に伝えられ、「さつまいも」と呼ばれるようになった。

CHINA
福建省

茶の本場で飲まれる福建茶

福建省の茶は宋代になってから知られるようになり、福建省で栽培される品種の数、品質の高さから、雲南省とならぶ中国屈指の茶どころとなっている。古くから飲まれていた「緑茶」に加えて、緑茶を醗酵させた「紅茶」、半発酵の「烏龍茶」のふたつは福建省で発明された。現在の福建省では烏龍茶が愛飲され、岩で育った岩茶で知られる閩北の「武夷茶」、茶で家をつぶすと言われるほど茶好きの人が多い閩南で親しまれる「安渓鉄観音」などが名高い。またこの地方では、茶の香りや味、水のほかに飲みかたや作法にもこだわりがあり、

福建料理と福建茶 Fujian

急須と小さな杯を使って手間ひまをかけて飲む作法「工夫茶」をたしなむ人の姿が街のいたるところにある(その道具の茶器は「工夫四宝」という)。こうした茶の文化は、福建省に隣接する潮州や汕頭(広東省)、閩南人の移住先となった台湾でも見られる。

紅茶がティーと呼ばれる訳

現在、世界中で飲まれているすべてのお茶のもとをたどれば中国茶に行きつく。とくに大航海時代をへて茶の味を知った西欧諸国は、東インド会社を通じて大量に自国へと輸入した。

CHINA
福建省

▲左　門に貼られた対聯、左右一対となって意味を表わす。　▲右　福建省武夷山の岩茶は中国茶の最高峰

このとき、厦門から海路経由で伝わったものは、福建語の「ティー(茶)」として定着した(ヨーロッパや海のシルクロードを経由した南インド)。一方で広東省に隣接するマカオ経由や陸路で運ばれたルートは広東語の「チャ(茶)」と呼ばれるようになった(チベット、北インド、ポルトガルなど)。中国茶の輸入で大幅な赤字となったイギリスは、その対価にインド産アヘンを輸出し、それがもとになって起こったアヘン戦争(1840〜42年)で、福建省の福州、厦門は開港された。

【MEMO】

**Guide,
Quan Zhou**
泉州
城市案内

アレキサンドリアとならぶ世界最大の港
マルコ・ポーロがそうたたえた中世の泉州
かつての海のシルクロードの発着地

泉州 泉州 quán zhōu チュワンチョウ [★★☆]
12〜14世紀の南宋から元代にかけて、50万人の人口を抱える世界最大の港「ザイトゥン」として知られた泉州。この街には、ヒンドゥーやイスラム商人が訪れ、東西の仏塔が立つ名刹「開元寺」、現存する中国最古の「イスラム寺院(清浄寺)」、美しい石づくりの「洛陽橋」などが残る。明代に入ると、港湾機能が低下し、やがて福州や漳州月港に繁栄をとって替わられたが、閩南を代表する古都のたたずまいを今も見せている(閩南文化や民俗、工芸などの伝統が残る)。厦門の発展は、この泉州のそれを受け継いだものとされる。

【地図】泉州

【地図】泉州の [★★★]
- ☐ 開元寺 开元寺 カィユゥエンスウ

【地図】泉州の [★★☆]
- ☐ 泉州 泉州 チュワンチョウ
- ☐ 清浄寺 清净寺 チィンジィンスウ

【地図】泉州の [★☆☆]
- ☐ 関岳廟 关岳庙 グゥアンユエミャオ
- ☐ 天后宮 天后宫 ティエンホウゴォン
- ☐ 泉州海外交通史博物館 泉州海外交通史博物馆 チュゥアンチョウハイワィファイジャオトォンシイボオウウグゥアン
- ☐ 泉州博物館 泉州博物馆 チュゥアンチョウボオウウグゥアン
- ☐ 清源山風景区 清源山风景区 チィンユゥエンシャンフェンジィンチュウ

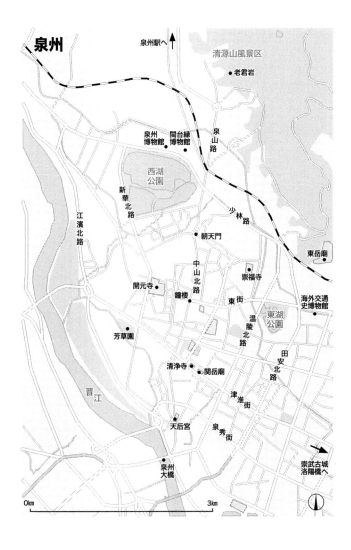

福建省

開元寺 开元寺 kāi yuán sì カァイユゥエンスウ [★★★]

赤屋根の民家がずらりとならぶ泉州旧城の一角に残る開元寺。唐代の686年に創建された福建省最大の仏教寺院で、高さ40mを超す東西両塔がその偉容を見せる（916年に建てられた高さ44mの西塔と、865年に建てられた高さ48mの東塔）。いずれも南宋時代に石塔となり、当時の姿をそのままとどめるという。金剛神殿から大雄宝殿、蔵経閣と伽藍が続き、伽藍の一部には、ヒンドゥー寺院の石材が転用されていることでも知られる。また開元寺の門前町にあたる西街界隈は、古い時代の泉州の面影を残す。

▲左　泉州の天后宮、海上交易の高まりにあわせて信仰が広がっていった。
▲右　イスラム世界の建築をそのまま遷したかのような清浄寺

清浄寺 清浄寺 qīng jìng sì チィンジィンスウ ［★★☆］

清浄寺は中国に現存する最古のモスクで、イスラム様式の建築外観をもつ。唐宋時代から交易のためにイスラム教徒が訪れるようになり、この清浄寺は1009年に創建された。元代の1310年、ダマスカスのモスクをもとに再建され、当時、4万人いたというイスラム教徒の信仰の中心となっていた。アーチ型の上部の「大門（イワン）」、アラビア文字の見える「奉天壇」、月の満ち欠けを見るための「望月台」、明の永楽帝による碑文「長楽上諭」が残る。

関岳廟 关岳庙 guān yuè miào グゥアンユエミャオ［★☆☆］
清浄寺に隣接して立つ塗門街の関岳廟。三国志の関羽がまつられていて、この道教寺院には多くの人が礼拝に訪れる。屋根や柱には極彩色の装飾がほどこされた閩南様式の建築となっている。

天后宮 天后宫 tiān hòu gōng ティエンホウゴォン［★☆☆］
晋江にあったかつての泉州港にのぞむように立つ、「海の守り神」媽祖をまつった天后宮。道教の神さまとして泉州の船乗りたちの信仰を集め、やがて福建省から中国各地に広

がった(天后こと媽祖は福建省莆田の巫女)。泉州の天后宮は 1196 年に創建され、その後、再建を繰り返し、黄色の屋根瓦をもつ伽藍となっている。

泉州海外交通史博物館 泉州海外交通史博物馆 quán zhōu hǎi wài jiāo tōng shǐ bó wù guǎn チュゥアンチョウハイワァイジャオトォンシイボオウウグゥアン[★☆☆]

中世、海のシルクロードの発着点として繁栄した泉州にまつわる泉州海外交通史博物館。「泉州湾古船陳列館」「泉州と古代海外交通史陳列館」「泉州宗教石刻館」「中国舟船世界」「ア

福建省

ラビア・ペルシャ人在泉州陳列館」といった展示からなり、1974年に泉州湾から引きあげられた宋代のジャンク船、陶磁器やイスラム、マニ教の墓石などが見られる。

泉州博物館 泉州博物馆 quán zhōu bó wù guǎn
チュゥアンチョウボオウウグゥアン [★☆☆]

泉州市街から離れた西湖の北側に位置する泉州博物館。2005年に開館し、「泉州歴史文化」「泉州南音、戯曲芸術」「海のシルクロード」などの展示からなる。赤色の屋根の閩南風建築で、隣接して中国閩台縁博物館が立つ。

【MEMO】

CHINA
福建省

清源山風景区 清源山风景区 **qīng yuán shān fēng jǐng qū**
チィンユゥエンシャンフェンジィンチュウ［★☆☆］

緑豊かな自然のなかに道教寺院や磨崖石刻などの景勝地が点在する清源山風景区。大きな道教の石像である「老君岩（老師像）」はじめ、泉州という名の由来となった「虎乳泉」などがその代表となっている（泉州の別名「鯉城」は、この清源山から見る泉州旧城の姿からとられた）。また「清源山」東のイスラム墓地「霊山」、西の摩崖石刻のある「九日山」も知られる。

▲左　清源山風景区の老君岩、大変縁起がよいとされる。　▲右　山から海へ、急流が何本も流れる福建省では架橋技術が発展した

洛陽橋 洛阳桥 luò yáng qiáo ルゥオヤァンチァオ［★★☆］
泉州の北東郊外を流れる洛陽江にかかる、中国を代表する石橋の洛陽橋。北宋の官吏蔡襄が1053年から7年間の月日をかけて完成させ、この橋の開通で、街道の交通の便が劇的にあがった（蔡襄は泉州知事をつとめたほか、さまざまな書体に通じた書家、『茶禄』の著者でもある）。47の孔、500本もの欄干石柱をもち、長さは834mとなっている。

福建省

崇武古城 崇武古城
chóng wǔ gǔ chéng チョンウウグウチャアン [★☆☆]

崇武半島の先に立つ崇武古城は、倭寇対策の城塞跡。明代の1387年、江夏侯氏によって現在の崇武古城が建てられたことをはじまりとする(倭寇は14〜16世紀に中国東南沿岸部を荒らした海賊)。花崗岩を重ねあわせて築かれた高さ7mの城壁は全長2455mにおよび、四方に城門を配する。100年以上にわたって倭寇の侵入をほとんど防ぎ続けたと言われ、保存状態もよい。

【MEMO】

Guide,
Ke Jia Tu Lou
客家土楼
城市案内

江西省や広東省との省境に近い福建省山奥部
古い中原の文化を残す客家と呼ばれる人たちが
「土の楼閣」土楼のなか、大家族で暮らしている

客家土楼 客家土楼
kè jiā tǔ lóu クージャートゥロウ ［★★☆］

古い中原を出自とし、たび重なる戦乱から逃れるように南遷してきた人たちを客家と呼ぶ。彼らは地元の福建人や広東人から「客人」とされ、福建省山間部などの山深い土地に集まって暮らす（10～13世紀ごろからこの地に暮らすようになったと言われ、古い北方の文化を残す）。その集合住宅が「土楼」で、外部に対して閉鎖的で、円形や方形などの外壁をめぐらせ、共通の祖先をもついくつもの家族がひとつの土楼に入居している。勤勉で教育を重視する客家は、山間の客家土楼か

【地図】永定と南靖

【地図】永定と南靖の [★★★]
- ☐ 洪坑土楼群 洪坑土楼群ホォンカァントゥロウチュン
- ☐ 承啓楼 承启楼チャンチイロウ

【地図】永定と南靖の [★★☆]
- ☐ 客家土楼 客家土楼クージャートゥロウ
- ☐ 振成楼 振成楼チェンチャンロウ
- ☐ 高北土楼群 高北土楼群ガオベイトゥロウチュン
- ☐ 田螺坑土楼群 田螺坑土楼群ティエンルゥオカントゥロウチュン

【地図】永定と南靖の [★☆☆]
- ☐ 南渓土楼群 南溪土楼群ナンシイトゥロウチュン
- ☐ 初渓土楼群 初溪土楼群チュウシイトゥロウチュン

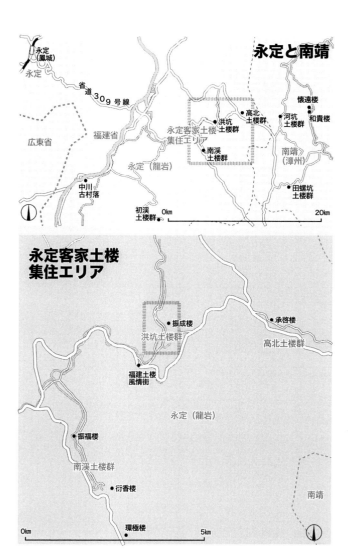

【地図】洪坑土楼群

【地図】洪坑土楼群の [★★★]
- ☐ 洪坑土楼群 洪坑土楼群ホォンカァントゥロウチュン

【地図】洪坑土楼群の [★★☆]
- ☐ 客家土楼 客家土楼クージャートゥロウ
- ☐ 振成楼 振成楼チェンチャンロウ

【地図】洪坑土楼群の [★☆☆]
- ☐ 福裕楼 福裕楼フウユウロウ
- ☐ 如昇楼 如升楼ルウシャンロウ

【MEMO】

【MEMO】

福建省

ら官吏や華僑となって成功する者が多く、孫文、鄧小平、李登輝、李光耀(リー・クアンユー)などが客家出身と知られる。明清時代に建てられた客家土楼のなかでも、龍岩市の永定と漳州市の南靖に多くが集まり、世界遺産に指定されている。

洪坑土楼群 洪坑土楼群 hóng kēng tǔ lóu qún
ホォンカァントゥロウチュン [世界遺産] [★★★]

「光裕楼」「福興楼」「奎聚楼」「福裕楼」「如昇楼」「振成楼」「慶成楼」の7座の世界遺産が集まる洪坑土楼群。永定土楼民俗文化村とも言われ、村の中央を流れる金豊渓の両脇に円形土

▲左 ぐるりと円を描く住居に大家族が暮らす。　▲右 客家の人たちは江西省、広東省、福建省の交わる山間部に多く分布する

楼と方形土楼が点在する。この村は、清代、タバコ産業で繁栄し、その富で土楼が築かれていったという。村の住人のほとんどが林一族となっている。

振成楼 振成楼 zhèn chéng lóu
チェンチャンロウ［世界遺産］［★★☆］

洪坑土楼群の入口にあたり、「八卦（円形のよう）」の構造をもつ振成楼。1912～17年、林鴻超によって築かれ、高さ16m、4層からなる円楼となっている。入口には「振綱立紀、成徳達材」の文言が見える。

福建省

福裕楼 福裕楼 fú yù lóu フウユウロウ ［世界遺産］［★☆☆］
清末、洪坑の産業であった烟刀工房で成功した林氏三兄弟（徳山、仲山、仁山）によって建てられた福裕楼。1880年の創建で、前部が2層、両脇が3層、後部が5層という五鳳楼の様式をもつ。振成楼を建てた林鴻超も福裕楼の出身。

**如昇楼 如升楼 rú shēng lóu
ルウシャンロウ ［世界遺産］［★☆☆］**
洪坑土楼群のなかでも北側に残る如昇楼。1875～1908年に建てられ、直径17.4 m、3層の小ぶりな円楼となっている。

高北土楼群 高北土楼群 gāo běi tǔ lóu qún
ガオベイトゥロウチュン［世界遺産］［★★☆］

元代にこの地方に移住してきた江氏一族が集住する高北土楼群（江氏の暮らす高東、高北、高南の三集落をあわせて高頭と呼ぶ）。客家土楼の最高峰「承啓楼」はじめ、「五雲楼」「世沢楼」「僑福楼」の4座が世界遺産に指定されている。

福建省

承啓楼 承启楼
chéng qǐ lóu チャンチイロウ [世界遺産] [★★★]

直径61m、4層、高さ12.4mからなり、世界最大規模の円形住宅にあげられる承啓楼。江集成によって1709年から3年かけて建てられ、3重の住居にあわせて400の部屋を擁する（円楼は、福建人と客家人の居住区の交わる地で生まれた）。清朝末期には600人以上が入居していたと言われ、共通の祖先江集成をまつる祠堂が中央に位置する。「承前祖徳勤和倹、啓后子孫読与耕」の方針とともに、厨房、食堂、倉庫、風呂場、家畜小屋などを共有する集団生活を送っている。

▲左　一族での共同生活のなかから強い絆が生まれていった。　▲右　永定に隣接する南靖の田螺坑土楼群

南渓土楼群 南溪土楼群 nán xī tǔ lóu qún
ナンシイトゥロウチュン ［世界遺産］［★☆☆］

客家土楼の集まる洪坑の南郊外を流れる南渓のほとりに点在する南渓土楼群。1913年、タバコ産業で財をなした蘇振太によって建てられた直径43.5mの円楼「振福楼（世界遺産）」、1842年の創建で、中央に方形祠堂をもつ直径40mの円楼「衍香楼（世界遺産）」、清代1693年創建の直径43.2mの円楼「環極楼」などから構成される。

福建省

初渓土楼群 初溪土楼群 chū xī tǔ lóu qún
チュウシイトゥロウチュン ［世界遺産］［★☆☆］

広東省との省境近くに位置する初渓土楼群。丘陵地帯にとけ込むように円楼や方楼が集住し、1419年に創建をさかのぼる「集慶楼」はじめ、「余慶楼」「縄慶楼」「華慶楼」「庚慶楼」「錫慶楼」「福慶楼」「共慶楼」「藩慶楼」「善慶楼」の10座が世界遺産に指定されている。また初渓土楼群西の下洋中川古村落は、客家華僑として成功した胡文虎の故郷として知られ、「胡氏家廟」「栄昌楼」「富紫楼」などが残る。

田螺坑土楼群 田螺坑土楼群 tián luó kēng tǔ lóu qún
ティエンルゥオカントゥロウチュン ［世界遺産］［★★☆］

ひとつの方楼を４つの円楼が囲む「梅の花」のようなたたずまいを見せる田螺坑土楼群。この土楼群に暮らす黄一族は、明代からこの地に暮らすようになり、歩雲楼（方楼）は1796年に建てられた。「和昌楼」「瑞雲楼」「歩雲楼」「振昌楼」「文昌楼」の５つの土楼すべてが世界遺産に指定されている。この田螺坑土楼群はじめ、永定の東側の南靖（漳州）では、「河坑土楼群」「懐遠楼」「和貴楼」が福建土楼の代表格となっている。

中国東南海域から世界へ

北京や西安からは遥か遠く海にのぞむ
福建省では進取の精神が育まれてきた
中国東南部の福建省こぼればなし

福建という地名

福建省の古名の「閩」という文字には、「虫」が入っていることからも、福建の地は中原の漢族から異世界と見られていた（中華思想では周囲の人びとを野蛮視した。同様に四川省の古名「蜀」にも「虫」の文字が見える）。古く百越と呼ばれる人たちが暮らした福建省へ、漢族の入植が進んだのは、中国でもっとも遅く唐代のことで、北の浙江から海路で「福州」に、西の江西から陸路で「建州」に拠点がおかれた。「福建」という名称は、この両者の頭文字をとって7世紀後半（674〜675年）につけられたものとなっている。福建では、宋代

ごろまで非漢族の越族の習慣や風習が色濃く残っていたと言われ、こうした伝統は北京語とは互いに通じない福建語（閩方言）、木材高床式の住居などでも見てとることができる。

古い中国語の姿を残す福建語

福建省では、「卵」、「食」、「箸」、「走」などは北京語では見られなくなった言葉が今でも使われ、他の地方の言葉とは大きなへだたりがある。これは北方の言葉が遊牧民などの侵入で変化していったのと、福建語には原住民（越族）の言葉の影響が残っているからだという。福建省のなかでも、福州語

▲左　アヘン戦争以後、福州は中国近代化のはしりとなった。　▲右　キノコのようにも見える客家土楼

（閩北語・閩東語）と厦門などの閩南語は大幅に異なるため、北方・呉・湘・贛・客家・閩・粤の七大方言のうち、閩（福建語）のふたつをさらにわけて八大方言ともわけられる。また山深く、峠を越えれば言葉が変わると言われた時代もあり、かつては福建人同士で筆談するという光景も見られたという。この福建系の言葉は、福建省と広東省東部の潮州、また浙江省南部の温州、東南アジアなどで話されている。

福建省

華僑と広がる福建文化

中国東南沿岸部で、海のシルクロードの窓口でもあった福建省は、中国と世界の結節点となってきた。たとえば三味線や空手は琉球の朝貢使節団が福建から沖縄へもち帰り、そこから日本へと伝わった。また日本の長崎中華街にある1624年創建の興福寺（南京寺）、1628年創建の福済寺（漳州泉州寺）、1629年創建の崇福寺（福州寺）のうち、ふたつは福建人によるもので、黄檗山萬福寺（京都宇治）も福建人の隠元（1592～1673年）によって建てられた。そのほか、東南アジアや台湾、アメリカなどにも福建人が進出し、当地のチャイナタ

▲左　倭寇対策の要塞、倭寇のなかには日本人もいたという。　▲右　福建省南部と言語、食文化ともに近い潮州

ウンでは福建語が共通語になっている（福建人は広東人とならんで多くの華僑を輩出した）。

福建と台湾の交流

14〜20世紀の明清時代、人口増加や食糧不足もあって多くの福建人が福建省の洋上200 kmに浮かぶ台湾へ渡った。清朝治下では、1885年に台湾省がもうけられるまで、台湾は福建省の管轄であり、台湾の3分の2以上の人が福建省に原籍をもつという。こうした事情から、台湾では閩南語を日常的に話す人たちが多く、料理、習慣、風俗などで福建省との

CHINA
福建省

共通点が見られる(また明末清初に、厦門から台湾へ拠点を遷した鄭成功は、福建人と台湾人の双方から英雄視されている)。20世紀なかごろには、中国共産党と台湾国民党による争いもあったものの、現在では福建省と台湾のあいだの往来や交流、経済協力も進むようになった。

Fujian　中国東南海域から世界へ

参考文献

『福州攷』(野上英一 / 臺灣總督府熱帯産業調査會)

『中国福建省・琉球列島交渉史の研究』(中国福建省・琉球列島交渉史研究調査委員会 / 第一書房)

『中国省別ガイド 6 福建省』(辻康吾 [ほか] 編 / 弘文堂)

『中国の歴史散歩〈4〉』(山口修・鈴木啓造 / 山川出版社)

『ぶらり旅 福建省・泉州市 内外の神々が同居する街』(高原 / 人民中国)

『ぶらり旅福建省・アモイ市 コロンス島 世間から隔絶した南の楽園』(高原 / 人民中国)

『客家民居の世界』(茂木計一郎・片山和俊 / 風土社)

『世界大百科事典』(平凡社)

まちごとパブリッシングの旅行ガイド
Machigoto INDIA , Machigoto ASIA , Machigoto CHINA

【北インド - まちごとインド】

001 はじめての北インド
002 はじめてのデリー
003 オールド・デリー
004 ニュー・デリー
005 南デリー
012 アーグラ
013 ファテープル・シークリー
014 バラナシ
015 サールナート
022 カージュラホ
032 アムリトサル

【西インド - まちごとインド】

001 はじめてのラジャスタン
002 ジャイプル
003 ジョードプル
004 ジャイサルメール
005 ウダイプル
006 アジメール（プシュカル）
007 ビカネール
008 シェカワティ
011 はじめてのマハラシュトラ
012 ムンバイ
013 プネー
014 アウランガバード
015 エローラ
016 アジャンタ
021 はじめてのグジャラート
022 アーメダバード
023 ヴァドダラー（チャンパネール）
024 ブジ（カッチ地方）

【東インド - まちごとインド】

002 コルカタ
012 ブッダガヤ

【南インド - まちごとインド】

001 はじめてのタミルナードゥ
002 チェンナイ
003 カーンチプラム
004 マハーバリプラム
005 タンジャヴール
006 クンバコナムとカーヴェリー・デルタ
007 ティルチラパッリ
008 マドゥライ
009 ラーメシュワラム
010 カニャークマリ
021 はじめてのケーララ
022 ティルヴァナンタプラム
023 バックウォーター（コッラム〜アラップーザ）
024 コーチ（コーチン）
025 トリシュール

【ネパール - まちごとアジア】

001 はじめてのカトマンズ
002 カトマンズ
003 スワヤンブナート

004 パタン
005 バクタプル
006 ポカラ
007 ルンビニ
008 チトワン国立公園

【バングラデシュ - まちごとアジア】

001 はじめてのバングラデシュ
002 ダッカ
003 バゲルハット（クルナ）
004 シュンドルボン
005 プティア
006 モハスタン（ボグラ）
007 パハルプール

【パキスタン - まちごとアジア】

002 フンザ
003 ギルギット（KKH）
004 ラホール
005 ハラッパ
006 ムルタン

【イラン - まちごとアジア】

001 はじめてのイラン
002 テヘラン
003 イスファハン
004 シーラーズ
005 ペルセポリス
006 パサルガダエ（ナグシェ・ロスタム）
007 ヤズド
008 チョガ・ザンビル（アフヴァーズ）
009 タブリーズ
010 アルダビール

【北京 - まちごとチャイナ】

001 はじめての北京
002 故宮（天安門広場）
003 胡同と旧皇城
004 天壇と旧崇文区
005 瑠璃廠と旧宣武区
006 王府井と市街東部
007 北京動物園と市街西部
008 頤和園と西山
009 盧溝橋と周口店
010 万里の長城と明十三陵

【天津 - まちごとチャイナ】

001 はじめての天津
002 天津市街
003 浜海新区と市街南部
004 薊県と清東陵

【上海 - まちごとチャイナ】

001 はじめての上海
002 浦東新区
003 外灘と南京東路
004 淮海路と市街西部
005 虹口と市街北部
006 上海郊外（龍華・七宝・松江・嘉定）
007 水郷地帯（朱家角・周荘・同里・甪直）

【河北省 - まちごとチャイナ】

001 はじめての河北省
002 石家荘
003 秦皇島
004 承徳
005 張家口
006 保定
007 邯鄲

【江蘇省 - まちごとチャイナ】

001 はじめての江蘇省
002 はじめての蘇州
003 蘇州旧城
004 蘇州郊外と開発区
005 無錫
006 揚州
007 鎮江
008 はじめての南京
009 南京旧城
010 南京紫金山と下関
011 雨花台と南京郊外・開発区
012 徐州

【浙江省 - まちごとチャイナ】

001 はじめての浙江省
002 はじめての杭州
003 西湖と山林杭州
004 杭州旧城と開発区
005 紹興
006 はじめての寧波
007 寧波旧城
008 寧波郊外と開発区
009 普陀山
010 天台山
011 温州

【福建省 - まちごとチャイナ】

001 はじめての福建省
002 はじめての福州
003 福州旧城
004 福州郊外と開発区
005 武夷山
006 泉州
007 廈門
008 客家土楼

【広東省 - まちごとチャイナ】

001 はじめての広東省
002 はじめての広州
003 広州古城
004 天河と広州郊外
005 深圳（深セン）
006 東莞
007 開平（江門）
008 韶関
009 はじめての潮汕
010 潮州
011 汕頭

【遼寧省 - まちごとチャイナ】

001 はじめての遼寧省
002 はじめての大連
003 大連市街
004 旅順
005 金州新区

006 はじめての瀋陽
007 瀋陽故宮と旧市街
008 瀋陽駅と市街地
009 北陵と瀋陽郊外
010 撫順

【重慶 - まちごとチャイナ】

001 はじめての重慶
002 重慶市街
003 三峡下り（重慶〜宜昌）
004 大足

【香港 - まちごとチャイナ】

001 はじめての香港
002 中環と香港島北岸
003 上環と香港島南岸
004 尖沙咀と九龍市街
005 九龍城と九龍郊外
006 新界
007 ランタオ島と島嶼部

【マカオ - まちごとチャイナ】

001 はじめてのマカオ
002 セナド広場とマカオ中心部
003 媽閣廟とマカオ半島南部
004 東望洋山とマカオ半島北部
005 新口岸とタイパ・コロアン

【Juo-Mujin（電子書籍のみ）】

Juo-Mujin 香港縦横無尽
Juo-Mujin 北京縦横無尽
Juo-Mujin 上海縦横無尽

【自力旅游中国 Tabisuru CHINA】

001 バスに揺られて「自力で長城」
002 バスに揺られて「自力で石家荘」
003 バスに揺られて「自力で承徳」
004 船に揺られて「自力で普陀山」
005 バスに揺られて「自力で天台山」
006 バスに揺られて「自力で秦皇島」
007 バスに揺られて「自力で張家口」
008 バスに揺られて「自力で邯鄲」
009 バスに揺られて「自力で保定」
010 バスに揺られて「自力で清東陵」
011 バスに揺られて「自力で潮州」
012 バスに揺られて「自力で汕頭」
013 バスに揺られて「自力で温州」
014 バスに揺られて「自力で福州」
015 メトロに揺られて「自力で深圳」

【車輪はつばさ】
南インドのアイラヴァテシュワラ寺院には建築本体に車輪がついていて寺院に乗った神さまが人びとの想いを運ぶと言います。

・本書はオンデマンド印刷で作成されています。
・本書の内容に関するご意見、お問い合わせは、発行元のまちごとパブリッシング info@machigotopub.com までお願いします。

まちごとチャイナ
福建省001はじめての福建省
～福州・廈門・泉州と客家土楼[モノクロノートブック版]

2017年11月14日　発行

著　者	「アジア城市（まち）案内」制作委員会
発行者	赤松　耕次
発行所	まちごとパブリッシング株式会社 〒181-0013　東京都三鷹市下連雀4-4-36 URL http://www.machigotopub.com/
発売元	株式会社デジタルパブリッシングサービス 〒162-0812　東京都新宿区西五軒町11-13 清水ビル3F
印刷・製本	株式会社デジタルパブリッシングサービス URL http://www.d-pub.co.jp/

MP146

ISBN978-4-86143-280-4 C0326　　　Printed in Japan
本書の無断複製複写（コピー）は、著作権法上での例外を除き、禁じられています。